TRYSORAU CUDD
CAERNARFON

Angharad Price
Iluniau Richard Outram

Pert ystremp artist yr hwyr
Waeda'r heli mor drylwyr.
Â'i rwd y mae'n gwrido mur,
Daw â'r aur i Dŵr Eryr ...

T. Meirion Hughes, 'Caernarfon'

TRYSORAU CUDD

CAERNARFON

Angharad Price
lluniau Richard Outram

Argraffiad cyntaf: 2018
© testun: Angharad Price
© lluniau: Richard Outram
© cyhoeddiad: Gwasg Carreg Gwalch
Dylunio: Eleri Owen

Rhif Llyfr Safonol Rhyngwladol:
978-1-84527-657-7

Cyhoeddwyd gan
Gwasg Carreg Gwalch,
12 Iard yr Orsaf, Llanrwst,
Dyffryn Conwy, Cymru LL26 0EH.

Ffôn: 01492 642031
e-bost: llyfrau@carreg-gwalch.cymru
lle ar y we: www.carreg-gwalch.cymru

Cyhoeddwyd gyda chymorth Cyngor Llyfrau Cymru.

Cynnwys

Rhagair

Rai blynyddoedd yn ôl lluniais gyfres o ddarnau byrion ar gyfer *Papur Dre* yn tynnu sylw at rai o 'gorneli cudd' Caernarfon, y mannau hynny yr ydym yn eu cymryd yn ganiataol wrth fyw-a-bod yn y dref, ond sy'n golygu cymaint i ni.

Ychwanegwyd at y darnau hynny yn y gyfrol hon, nes bod yma bump ar hugain o sgetsys byrion sy'n tynnu sylw at 'drysorau cudd' Caernarfon. I gyd-fynd â'r geiriau, comisiynwyd cyfres o ffotograffau gan Richard Outram i gynnig golwg bellach ar y dref y mae yntau wrth ei fodd yn byw ac yn gweithio ynddi. Ac i'r sawl sy'n dymuno ymweld â rhai o'r mannau a geir yn y gyfrol, mae ap ar gael i'w lawrlwytho am ddim i'ch tywys am dro trwy'r dref (chwiliwch am 'Trysorau Cudd Caernarfon' ar Google Play neu'r App Store).

Mae'r llefydd cyffredin-anghyffredin hyn, wrth gwrs, yn bwysig ymhob pentref, tref ac ardal, a gobeithio y bydd y gyfrol hon yn sbardun i eraill fynd ati i dynnu sylw at 'drysorau cudd' ar hyd a lled Cymru, yn fodd inni ddod i adnabod ein gwlad ein hunain yn well, ac i'w chyflwyno yn ein ffordd ein hunain i ymwelwyr.

Carwn ddiolch o galon i Glyn Tomos a thîm golygyddol *Papur Dre* am gael defnyddio'r darnau gwreiddiol, ac i Elinor Wyn Reynolds am y syniad o'u cyhoeddi'n gyfrol yn y lle cyntaf. Diolch i Richard a'i deulu am eu brwdfrydedd o'r dechrau, i Gyngor Llyfrau Cymru am eu nawdd, i drefnwyr Gŵyl Arall am eu cefnogaeth, ac yn fwy na dim, i Nia Roberts o Wasg Carreg Gwalch am ei hamynedd a'i gofal diflino wrth dynnu'r gyfrol ynghyd a'i hwylio trwy'r wasg. Bu'n bleser cydweithio â hi. Diolch hefyd i Eleri Owen am ei gwaith dylunio gofalus. Cefais lawer o hwyl a chymorth gan drigolion Caernarfon wrth fynd ati i ysgrifennu'r darnau, a'r her fwyaf, yn sicr, oedd dewis a dethol o blith yr holl drysorau posibl y gellid bod wedi sôn amdanynt. Detholiad personol ydi hwn yn y diwedd.

Cyflwynaf y gyfrol hon er cof am T. Meirion Hughes, un o haneswyr ardderchog Caernarfon, ac i holl gymwynaswyr presennol y dref sy'n cyfrannu at wneud y profiad o fyw ynddi'n un mor gyfoethog ac amrywiol a difyr. Hir y parhaed.

Angharad Price

Rydw i wedi tynnu lluniau mewn nifer fawr o lefydd, ymhell ac agos, ond does yr un testun yn fwy cyffrous i mi na Chaernarfon; Dre, y lle hudol, arbennig hwn.

Dwi wedi byw yng Nghaernarfon er 2006, yr hiraf i mi fyw yn unrhyw le. Mi briodais yma ac erbyn hyn dwi'n magu fy mhlant yma. Mae cymuned, personoliaeth ac enaid y dref yn unigryw, a dwi'n gwybod bellach mai "yma wyf inna' i fod", fel y dywedodd Mei Mac. Fel hogyn o Fangor a mewnfudwr i Gaernarfon, mae hynny'n ddweud mawr!

Mae'r prosiect yma wedi fy ngalluogi i ddod i adnabod Caernarfon yn well. Aeth y siwrne ffotograffig â fi i lefydd na wyddwn am eu bodolaeth, a gwneud i mi stopio ac edrych go iawn ar y corneli cudd a'r llefydd yr ydan ni yn aml yn eu cymryd yn ganiataol.

Drwy eiriau Angharad a'm lluniau i, gobeithiwn y gallwch rannu'r siwrne honno.

Mae fy niolch mwyaf yn mynd i Angharad. Ei chefnogaeth hi (roedd hi ymysg y cyntaf i brynu un o fy lluniau flynyddoedd lawer yn ôl) a hyfrydwch ei geiriau sydd wedi fy helpu i weld y dref yn gliriach.

I Nia Roberts sydd â llygad golygyddol heb ei ail, ac amynedd diddiwedd!

I Mererid, Gwydion a Llywelyn. Mae fy nghariad i tuag atoch y tu ôl i bob llun yn y gyfrol hon.

Da 'di Dre! Cofis am byth!

Richard Outram

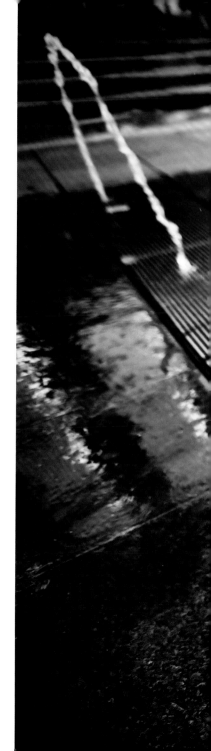

Y Ffowntan ar y Maes

Yn y dechreuad yr oedd y dŵr. Ac yn y dŵr yr oedd y plant. A phan fo'r Maes yn ei ogoniant ar brynhawn braf, at y ffowntan ddŵr y mae pawb yn tyrru. Babis. Plantos. Hogia a genod, ac ambell gi sychedig. Yn dod at y trysor tryloyw sydd wrth galon y dre.

Roedd 'na ffowntan fawr yma gynt. Ar ganol y Maes ers oes Fictoria – yn dathlu dod â dŵr glân i bobl y dre. Un gron, grand, o garreg. Ond drwy'r degawdau aeth honno'n hen beth sych, ac wedi adfer y Maes, fe'i symudwyd.

Dipyn o glown ydi'r ffowntan newydd. Dwy res o ddeuddeg jet o ddŵr, a'r rheiny'n cambihafio. Dim rhyfedd bod y plant yn gwirioni. Mae hon mor anwadal ag oedolion, ond yn llawer mwy o hwyl.

Yn yr herio mae'r gamp. Herio'r dŵr i stopio. Herio'r dŵr i lifo. Herio eu hunain – a'i gilydd – i redeg drwyddi heb i'r gwlych eu dal …

Ac er gwaetha'r dwrdio, dod yn un â'r dŵr ydi'r nod. Cael eich bedyddio, drosodd a throsodd, yn un o blant y dre.

A'r oedolion â'u breichiau ar led, yn casglu diemwntiau i'r cof.

~

Daw diwedd dydd, a'r haul yn aeddfedu. Ac ar y Maes, yn drywyddau cris-croes, mae olion traed y plant, am funud bach, yn loyw aur ar y llechi.

A'r ffowntan fach yn ymoleuo, yn barod at syrcas y nos.

Parc Sgêtbords Coed Helen

Lle sydd *rhwng* pethau eraill ydi hwn. Petryal tarmac ynghanol y coed, rhwng dau gastell, rhwng y dre a'r wlad, rhwng môr a mynydd. Ar hap, efallai, y dewch chi arno: ar eich ffordd i rywle arall (y cae swings, y maes bowlio), neu wrth grwydro'n ddiamcan dros yr Abar. Dyma Barc Sgêtbords Coed Helen. Ei ffensys peintiedig. Ei rampiau du. A rhin y *rhwng* yn rhedeg trwyddo.

Fan hyn mae'r Rhyngiaid wrthi! Pob un rhwng naw a thair-ar-ddeg, mewn crysau-T a chapiau pig, a sgêtbord rhwng traed a llawr.

Dewch heibio, os medrwch, ar adeg o *rwng*. Rhwng cau'r ysgol ac amser te. Rhwng dau olau. Rhwng gwanwyn a haf – pan fo'r coed yn blaguro a chraf yn suro'r aer. Ac efallai y daliwch y Rhyngiaid rhwng brig un ramp a'r llall, yn morio'r gwynt, yn creu llwybrau anweledig rhwng daear a nef.

Bydd sgrechfeydd plant bach y cae swings yn pylu. Gwyro'r bowlwyr yn diflannu o'ch bryd. Crawcian brain Coed Helen yn distewi. Amser yn dod i stop. A dim byd yn bod ond su tawel olwynion yn troi ...

Crash! Dyna'r sgêtbord yn ôl ar wyneb y ramp.

A dyna amser, eto, yn mynd yn ei flaen.

Waeth i chithau wneud yr un fath, a mynd ymlaen i rywle arall (y cae swings, y maes bowlio), neu i grwydro'n ddiamcan dros yr Abar. Y Rhyngiaid biau fan hyn. Y ffensys peintiedig. Y rampiau du. Heiroglyffics y graffiti. *Soda: the Cofi Wars. Dion Bach. Lembo.* A'r crwban ar olwynion sy'n gwenu'n slei.

Ond yn eich cof bydd su tawel olwynion yn troi. Sgêtbord rhwng traed a llawr. Y Rhyngiaid wedi'u dal rhwng daear a nef – yn eu helfen yn herio disgyrchiant.

Hen Fynwent Llanbeblig

Llyfr yr Oriau.

Tudalennau blêr y cerrig beddau. Llith yr hen lythrennau. A'r darllen sydd yn codi'r marw'n fyw.

Mae hanes y dre'n fyw yn yr angau. Stori'r morwr a'r capten, y cigydd a'r saer, yr ysgolfeistr a'r rhwymwr llyfrau, y barbwr a'r crydd, y groser a'r dyn trwsio clociau, diacon, sarjant, dyn diod soda, y dyn a foddodd ar ei ffordd o Fombay a'r llall ar ei fordaith o Fôn. Eu holl wragedd dibroffesiwn. A'r holl blant fu farw'n blant.

Digon dyrys ydi'r darllen. Y tudalennau gwag, ac olion enwau'n ddim ond rhych a bylodd. Eraill ynghudd dan eiddew, neu gylchoedd llwyd o gen. Dalennau'n dweud y cyfan, tra bo'r lleill yn dal yn ôl: dwy lythyren a dau atalnod.

A'r tudalennau dwys, y meini heb le i'r manylion: saith o blant a'u tymor prin (2 D.o. / 2 D.o. / 1 D.o. / ...). Enwau'r fam a'r tad i'w canlyn.

Mae'r hen fynwent, er hynny, yn dal i'n denu. Y waliau hen. Yr ywen. Y dod i ben â bywyd. A Llyfr yr Oriau yn cysuro'r cof.

~

Daw'n amser mynd, gan ddod i olwg mynwent newydd dros y lôn.

Rheseidiau twt y cerrig beddau. Llythrennau ysgythredig eto'n glir. A'r darllen taer yn ofer.

Llyfr yr Eiliadau.

Yr inc fel petai'n wlyb, yn niwlo'r llygaid. A'r stori'n dal yn fyw, yn brifo'r cof.

Cei Llechi

Beth oedd hwn ond darn o dir nad oedd yn bod cyn bod chwareli Nantlle? Pan oedd y castell a'i draed yn yr afon, a llun ei dyrau yn llif y dŵr …

Does dim yn llonydd lle bo aber. Roedd y lan yn rhy handi i *entrepreneurs* y dre, ac o ystlys y Maes fe grewyd y Cei Llechi.

Hwn oedd llwyfan y llafurwyr, ac roedd i bob un ei briod le: y rigwyr a'r hoblwyr, gweithwyr y gwaith gas, yr iardiau coed a'r odyn galch, prentisiaid y ffowndri a'r iard saer maen, y llongwyr lleol a morwyr y gwledydd pell, y gwerthwyr bodiau crancod a'r gwerthwyr 'sgedi caled, y crïwr a'r canwr baledi, cariadon a genod amheus.

Fan hyn y byddai'r *Napoleon* yn bwrw angor, a byddai'r *Moses Parry*'n bwrw'i balast fan draw. Dacw'r *Cambrian Monarch* yn cael ei chalcio, tra bo'r *Hindoo* yn paratoi i gario'r aur glas i borthladdoedd pell: Ffrisgo. Hambro. Bordô. Wiclo. Antwerp. Boston. Efrog Newydd. A'r enwau brith yn llifo.

Gwahanol, heddiw, ydi'r mynd a'r dod. I lawr Allt y Castell y daw llif y bysys moethus, a dringo ystlys y Maes y mae ymwelwyr byd. Yn y meysydd parcio, mae i bob car ei briod le, ac mae badau o wydr-ffeibr lle bu sgwneri trimast trwm. Cytgan y fan hufen-iâ ydi llais y canwr baledi, a theithwyr y *Snowdon Queen* ydi cargo dyddiol y cei.

Llwyfan ein hamdden ydi hwn erbyn hyn. Darn o dir sy'n dal i fod, er peidio â bod chwareli Nantlle. Am nad oes dim yn llonydd lle bo aber. Ac am fod y lan yma'n handi i lafur yr oriau llac.

Caffi'r Ganolfan Hamdden*

*Caewyd y caffi yn 2015 yn sgil toriadau i gyllideb y Cyngor Sir

Cownter dur. Pedwar bwrdd fformica. Tri pheiriant fendio. Dyma ydi nefoedd! Yn enwedig â mŷg o goffi'n cynhesu cledr y llaw, a stêm yr ystafelloedd newid yn codi at wadnau'r traed.

Pwy feddyliai fod y caffi'n llawn lladron? Rhieni – yn dwyn chwarter awr oddi ar drefn y dydd, yn sleifio i'r caffi tra bo'r plant yn y pwll.

Y plant sy'n rheoli'r Ganolfan: *United Nations* ysgolion y fro. Oll mewn siwmperi lliw, a logo'r ysgol yn faner falch. Babel o fân-acenion. Gwleidydda'r ystafelloedd newid. Y rhieni'n weision sifil (rhai'n fwy sifil na'i gilydd), yn paratoi'r plant at gynhadledd wythnosol y wers.

A dyna'r cyfle i ddianc. Allan o'r boethfa, i fyny'r grisiau, at chwarter awr o nefoedd braf.

Punt ar y cownter. Ras at fwrdd. Llond ceg o goffi llaethog. Golygon euog yn llithro heibio'i gilydd, dros y fformica, drwy'r ffenestri, allan dros doeau llwyd Cae Bold – draw at ryddid y mynyddoedd!

~

Mae olion trai ar ochrau'r mŷg, a gwres yn cosi gwadnau'r traed. A'r boethfa'n galw ...

Ac wedi'r newid, ar y daith i lawr y ramp yn ôl i'r car, dacw'r lladron amser – yn taflu cip tuag i fyny, at olau melyn y ffenestri, bwrdd fformica, coffi llaeth, a'r nefoedd chwarter-awr.

NODER
NOTE

Dim Siglo ar y
rheiliau llaw

**No swinging on the
hand rails**

Porth y Frenhines

Edrychwch i fyny arno. Y porth dilwybr sy'n hongian yn gegagored uwchlaw'r Maes, a dim byd ond dibyn oddi tano.

Braint brenhines oedd sefyll yn hwn ac edrych i lawr ar y dre. Ond mae'r castell ar agor i bawb erbyn hyn, a chewch dresmasu ar y carped emrallt a dringo at Borth y Frenhines. Mae 'na lwyfan cryf i'ch dal, gwydr gwydn o'i gwmpas, a chanllaw dur i sadio'ch llaw.

A dyna ystyr yr enw: y frenhines ydi'r drem ar y dre! Ar y dde, llif afon Saint, y cychod a'r cei aflonydd, a thai Rhes Segontiwm yn enfys syth. Ar y chwith, y Maes yn ei brysurdeb. Ceir yn picio-parcio. Tacsis hir eu hamynedd. Siopau brith a chaffis llawn. A'r siop bapur-newydd yn byrlymu.

Mi welwch bobl ddiarth yn tynnu lluniau. Yfwyr paneidiau a bwytawyr hufen-iâ. Pensiynwyr yn rhoi pen-ôl ar wal a rhai bach yn rholio trwy weiriach. Hwn-a-hwn yn hel clecs; hon-a-hon yn hel straeon. Ac yn nes atoch, islaw, mudandod Lloyd George yn taranu, ei goron arian, a'i ddwrn bron â chyrraedd eich gên ...

Ein braint ni heddiw ydi camu o'r porth a dyfod i lawr. Gadael y llwyfan cryf a'i wydr gwydn. Brysio ar draws y carped emrallt ac allan o'r castell. Nes cyrraedd llawr y dre, a'r stryd yn ei phoblogrwydd.

A thaflu cip, dim ond dros ysgwydd, ar y porth cegagored sy'n hongian uwchlaw'r Maes, a'r dibyn dilwybr oddi tano.

Ferodo

Pwy sy'n ddigon hen i gofio'r oglau? Blas rwber yr awel. Ceir yn ciwio i fynd i mewn. Y sentri sgwâr a llinell syth y bar. Tonnau trionglog y to – yn ymestyn draw hyd dragwyddoldeb. Ac enw mawr y ffatri ar y brig: FERODO.

Roedd yma drefn. Roedd yma batrwm. Shifftiau'n nodi dydd a nos. Ofarôls. Rheolau. Cyflogau ben pob mis, a phartïon bob Nadolig.

Mae 'na batrwm o fath hyd heddiw. Picelli *fleur-de-lis* ar draws y lôn a thair carreg yn ei cheg hi. A dwy lantarn ar bob tu, a'u dau orchudd wedi torri.

Patrwm llafur wedi mynd yn llac: breichiau main mieri, eiddew'n twchu, locsyn clust o fwsog, a chen yn glais a chlais. Chwyn a rhedyn o faint plant. A fan'cw, yn y gornel, lle daw hogia'r dre i dreulio'r dydd, coeden Dolig a'i nodwyddau'n goch i gyd. A thinsel caniau diod.

Dannedd coll ffenestri. Asennau brau hen swyddfeydd. Ac yno, yn y perfedd: gwenwyn heintus heb ei drin ...

Pwy sy'n ddigon hen i gofio'r drewdod?

Rhes o bicelli lle bu llinell biced. Tair carreg y tair blynedd. Dwy lantarn gwaith a pharch. A'r arwydd trionglog sy'n sefyll o hyd: Ildiwch.

Lee-Ho Floating Restaurant

Peth od ydi sgwennu am gornel wag. Ond dyna sydd yma. Cornel sgwâr dan wal y cei, rhwng y bont a thafarn yr Anglesey.

Dydi hi ddim yn wag go iawn. Mae dŵr hallt yn ei llenwi hi, a hwnnw'n llawn bywyd. Ond i bawb sy'n adnabod yr Abar, mae'r gornel hon, ers tro byd, yn wag.

Yma'r angorid y Lee-Ho Floating Restaurant, y bwyty a ddôi â thwtsh o Hong Kong i'r rhan hon o'r dre. Cwch pedair ochr ac arno res o ffenestri'n tremio ar Fôn, a phortols crwn lle'r oedd y gegin. Enw 'Lee-Ho' wedi'i beintio arno, a baner draig goch ar y to. Bwydlen ddigyfnewid y dydd (*prawn cocktail, gammon & egg, black forest gateau*), a dalfeydd o bysgodfwyd plastig.

Gwasanaethodd y dre ers diwedd y rhyfel, ond yn drigain a phump, doedd dim ymddeol i fod. Andwywyd yr estyll gan heli'r Fenai, gwyntoedd y Gap, a phwnio dygn y llanw. Doedd trwsio ddim yn opsiwn, ac wedi gaeaf caled 2011, sgrapiwyd y Lee-Ho am byth.

Erbyn hyn does dim byd ond môr, gwymon a chregyn, bocs letrigs di-waith a pheipen ddŵr a charreg yn ei cheg. Olion traed yn pantio'r slipwe. Hynny, a'r gornel sgwâr sy'n teimlo'n wag.

Wrth rowndio'r prom â'ch bryd ar yr Anglesey, neu wrth droi o'r Cei Llechi tua'r bont, mae'r gwagle'n eich taro. Diffyg yn y llygad. Pwl yn y stumog. Mae gan y corff ei gof ei hun.

A dyna pam y gwelwch chi ambell un yn dal i oedi wrth groesi Pont yr Abar, yn syllu'n hir i'r gornel wag i lenwi'r bwlch â'u cof. Ac yna'n taflu cip y ffordd arall, at lanfa sych yr ochr draw …

… rhag ofn, rhag ofn mai yno y mae'r hen Lee-Ho yn gaeafu.

Clwt y Mawn

Welwch chi ddim wrth frysio heibio ond clwtyn concrid, pedair mainc a blwch ffôn dialwadau. A neb yn cadw golwg ar y lle ond llygad oer y CCTV ar ben y polyn pell.

Dim ond y newynog sy'n dueddol o oedi yma. I eistedd ar fainc am damaid o sgwrs. I glywed ogla chips yn codi o siop Ainsworth. I borthi eu llygaid ar y byd yn mynd heibio, y rhedyn yng ngwtar y bwcis, a'r sêr o faw gwylanod a chewing gum dan draed. A rhybudd digri'r Cyngor: 'Peidiwch â Bwydo'r Adar. Peidiwch â Bod yn Hunanol.'

Clwt o bridd oedd yma unwaith, lle gwerthai'r tlodion eu mawn. Ar y Pendist, preniau stocs a gafaelion. A chosbau Cyfraith Gwlad yn lle rhybudd Cyngor.

Roedd 'na ddigon yn oedi yma bryd hynny. I dalu sylw i'r rafins:

  Y gŵr fu'n dwyn tatws.
  Y wraig fu'n rhegi'r llys.
  Y tad digalon.
  Y fam ddi-laeth.
  Meddwon. Lladron. Twyllwyr.
  Pob Dici Bach Dwl a phob Jesebel hefyd.
  Y rhai fu'n dwyn ogla, dwyn amser, dwyn sgwrs.
  Y bwydwyr adar. Y rhai hunanol.

Welwch chi mohonyn nhw heddiw. Nid wrth frysio heibio. Dim ond clwtyn concrid, pedair mainc, a blwch ffôn dialwadau. Ambell un newynog, a'i draed yn sathru'r sêr. A neb yn cadw golwg, ond llygad oer y CCTV ar ben y polyn pell.

Neuadd y Farchnad

Roedd camu iddi fel mynd i du-mewn y dre. Distiau'r to yn asennau. Yr unedau yn organau – caffis, mân swyddfeydd a siopau bach. Hormonau oedd busnesau'n mynd a dod. A llif cwsmeiriad trwyddi yn gylchrediad. A'r galon yn y gwagle dan y to: yn enwedig tua'r Dolig, a'r goeden fawr sigledig yn ei bri, a'r plant a Mair a Joseff efo'u mul yn llifo mewn dan ganu. Lleisiau'n diasbedain, yn cronni ar y grisiau, yn dylifo lawr o'r galeri – ar ben y Maer a'i drimins yntau. A chalon hen y Farchnad yn curo.

Ac roedd hi'n hen – ac yn heneiddio (pwy sydd ddim?). Roedd craciau hyd y to a'r waliau'n gleisiau. Grisiau'n pantio dan eich traed. Estyll rhydd yn griddfan. A'r oglau tamp yn rhan o'r swyn.

Nes daeth dydd ei hadnewyddu. Clirio'r geriach a glanhau'r organau. Carthu'r corff ac ymwacáu.

A'r hen Farchnad ddau gant oed yn llonydd.

~

Heddiw, mae hi'n newydd. Rhyfedd o dafarn dan nenfwd bren. Mae 'na far ar hyd yr ymyl lle bu'r siopau bach, a dodrefn ffug-dreuliedig yn y canol. Ac mae rhai'n gresynu colli enaid yr hen Hôl.

Ond marchnad ydi marchnad.

Ac os dewch heibio adeg gig neu gêm bêl-droed, mae bywyd yn y corff o hyd. Canu'n diasbedain dan y to, yn cronni ar y grisiau, yn dylifo lawr o'r galeri, ac allan, weithiau, ar y stryd …

… a'r hen Neuadd eto'n fyw, a'r galon hen yn curo yn y gwagle.

Lôn Las

Mi ddewch ati'n ddirybudd wedi rowndio'r tro, yn hongian ar glogwyn rhwng garej betrol ac ewin du o draeth. Hen drac trên. Ond mae'r gwrychoedd a'r gweiriach wedi teneuo'r trywydd, a does dim byd ond rhimyn tarmac lle bu'r cledrau. A'r twnnel o gangau'n gysgod gwyrdd.

Er gwaetha'i henw, mae hon yn fwy na glas. Mae'n anhrefn o liwiau gwyllt. Melyn dant-y-llew. Pinc blodyn taranau. Coch bysedd-y-cŵn. Glas clychau'r gog. A gwyn yn ewynnu ar frigau'r drain ac yn drwch dros y mieri.

Wedi dau funud â'r dre'n angof. Peiriannau torri-gwair yn dim-ond-suo. Waliau a choncrid yn pylu, a thai'n diflannu. Y ceir ar y ffordd yn ymbellhau.

Ac yn eu lle, daw sŵn gwahanol. Hymian pryfed a sisial gwair. Trydar adar a siffrwd dail. Mae 'na fam a'i phram yn tawelu. Tad a'i blant a'u traed yn rhydd. Cariadon a'u cyfrinachau, a chŵn yn anufuddhau. Yfwrs siaradus, unig. A lônars y Lôn Las yn crwydro draw at yr Ala.

Mae ar bawb, weithiau, angen dipyn o wyllt.

Mi aiff rhai hyd yn oed ymhellach, ymlaen mor bell â'r adfail, neu at y ffatri wag. Ffoi hyd olion y cledrau i ganlyn y trên na ddaeth byth yn ôl …

… tra bo'r lleill yn troi tuag adref. Synau llonydd yn eu clust. Lliwiau gwyllt y Lôn Las yn llenwi'u llygaid. A'r haul yn tanio'r Fenai, gan daflu'i wrid dros waliau'r dre.

Cae Groes, Henwalia

'Beulah Square' yn Saesneg, ond mae hynny'n gamarweiniol. Mae'r lle'n fwy trionglog, wrth i dair stryd ddod ynghyd – a chreu hud yr ardal dawel hon o'r dre.

Mae 'na ystyr yng nghynllun y strydoedd. Llinell unionsyth Stryd Santes Helen. Pinwydd hen Stryd Hendre. Onglau rhyfedd y tŷ-pen, culni'r lôn, a'r agor sydyn wedyn at 'Driongl Beulah' ei hun. A hwnnw, fel ei frawd Bermuda, yn llyncu sŵn, yn cadw pethau'n gyfrin.

Distaw ydi'r tystion gydol dydd. Rhaid meinio'r glust, llymhau'r llygaid, chwilio'n ddyfal am arwyddion cêl. Haenau trefnus y meini Rhufeinig. Yr onglau llym. Y cochni yn y garreg.

Crefft seiri Segontium sy'n dal i gynnal y wal.

Ac os clustfeiniwch, meddan nhw, pan fydd torfeydd yr Oval wedi mynd, a'r ceir ar Ffordd Cwstennin yn prinhau, mi glywch chi synau diarth yng Nghae Groes. Sŵn milwyr mewn sandalau'n trampio lawr o'r gaer, a rhygnu hen gadwyni'n torri'r nos.

A dyna hud Triongl Beulah'n dod yn fyw, a cherrig mud Henwalia'n dechrau siarad.

Inner Relief Road

Ceg gam o bont a dibyn llwyd oddi tani. Y tarmac tawel. Tinitws y traffig. Y wal galed rhwng dwy ran y dre.

Brysiwch, mae 'na beryg y cewch chi'r bendro. Daeargryn yn y pen. Gweld y wal yn dymchwel. Tarmac yn cracio, a'r ceir a'r lorïau'n cilio.

Ac yna: gwair yn tyfu a dail yn blaguro. Y strydoedd hen yn atgyfodi: Stryd Clark. Stryd Wynne. Stryd Uxbridge. Spring Place. Rhes Moriah. Sgwâr Moriah.

Mae 'na ddrysau prysur, dillad ar lein, babanod yn nadu a ffrindiau'n mynd a dod. Sŵn gweiddi. Sŵn siarad. Chwerthin. Crio. Dadlau. Distewi.

Dacw ysgol yn codi! A dacw ysgol Sul. Swyddfa bost. Siop y gornel. Maes bowlio a chyrtiau tennis. Ac yng nghanol y cyfan, yn tyfu ac yn tyfu, mae'r Pafiliwn mawr sy'n dal deng mil. Cyngherddau. Eisteddfodau. Ralïau. Bazaars. Lloyd George yn areithio a Leila Megane yn codi'r to.

Sh! Mae'r dorf yn dal ei gwynt ... Dacw Blondin, yr acrobat, yn cerdded y ffordd o raff, ymlaen, ymlaen, am ddau gan llath, ar draws y dibyn rhwng waliau'r Pafiliwn. Nes cyrraedd yn saff yr ochr draw!

Ond mae'r gymeradwyaeth yn pylu ...

~

Blondin o fath ydi pawb erbyn hyn. Yn trio croesi'r bont heb gael y bendro. Does neb, erbyn heddiw, yn gweiddi, siarad, chwerthin, crio. Neb yn dadlau. Na neb yn distewi chwaith.

Dim ond y tarmac islaw. Tinitws y traffig. A'r inner relief road – yn rhuo rhwng dwy ran y dre.

Pier Landerne, Doc Fictoria

Mae hwn yn sticio allan – ac nid i'r Fenai yn unig. Dyma ddarn o Brighton neu Blackpool rhwng Arfon a Môn, ac enw Windsor of Herts ar ei hyd.

I beth y mae o'n ymwthio? (Mae'r golygfeydd i gyd i'w gweld o'r lan.)

Ac eto, mentrwch arno. Mae 'na bleser a phleser i'w gael.

Gwylio'ch cam, nid gweld y golygfeydd, y byddwch chi. Y bylchau rhwng yr estyll. Y cen ar y preniau. Y coed yn hollti'n grac a chrac, a'r mwsog yn melfedu. Mi gewch gip ar y tonnau oddi tanoch, ac ar y Fenai'n cynhyrfu'n gysonach na chloc.

Nes cyrraedd y dim ar y diwedd. Dead end. Yr ymwthio seithug.

Ond cyn troi'n ôl arnoch eich hun, ewch draw at y gornel. Mae 'na resaid o risiau'n disgyn – at sylfeini tywyll Pier Landerne. Byd o ddrewdod gwymon a baw gwylan. Crachod a chregyn yn crensian fel hen sgerbydau dan draed. A draw yn y gornel, dacw bostyn du a llofnod dyn ar hanner ei gerfio.

Peidiwch ag oedi'n rhy hir. Ddwywaith y dydd mae fan hyn dan ddŵr.

Ar wyneb y pier, yn ôl wrth y Doc, mae'r cof am y seiliau'n bleser. Am heli'r Fenai'n rhydu'r haearn. Y bylchau rhwng yr estyll. Y cen ar y preniau. Y coed yn hollti'n grac a chrac, a'r mwsog yn melfedu. Y Fenai'n cynhyrfu'n gysonach na chloc …

… a'r ymwthio'n mynd yn fwyfwy seithug.

Cae Top

Does yma ddim seti na stand, dim llifoleuadau na rhes o hysbysebion. Dim byd ond canllaw gwyn 'di rhydu a dwy gôl ddi-rwyd. A gwastadrwydd anwastad y cae ei hun – y borfa foel, olion styds yn tyllu'r pridd a chreithiau lle bu taclo.

Un cae ynghanol caeau oedd o gynt, a dim yn ei neilltuo ond y lle ei hun: troffi'r Eifl ar ben draw'r half-way line, Eryri'n dorf y tu ôl i'r gôl, a'r môr yn soser arian. A'r sôn am hen drysorau'n nwfn y pridd: muriau a sgerbydau hen, yn greiriau dan y borfa.

Ond yn ei wyneb mae ei werth. Yn gae sy'n ddigon fflat i gicio pêl ac i honno beidio rowlio.

~

Fesul dipyn daeth y tai: y strydoedd a'r stadau'n rheseidiau, palmentydd llwyd ac ysgol. A'r caeau, fesul un, yn ymdarmacio. Yr adeiladu'n closio'n nes, yn nes, nes dod at ffin Cae Top – a stopio.

Mae awch ar rofiau'r tyrchwyr. Mae'r bulldozers yn ymwasgu at y clawdd. Mae 'na ruo. A hen sôn am y potensial (toes 'na o hyd?), am godi tai, datblygu ...

Gadwch iddo! Yn ei wyneb mae ei werth. Yn gae i gicio pêl, a rhedeg, taclo, sgorio. Ac yn fwy na dim, yn gae – i ddianc o'r tarmacio.

Does dim angen dim byd mwy. Dim seti, stand, hysbyseb. Dim ond troffi'r Eifl ar ben draw'r half-way line, a'r môr yn soser arian. Canllaw gwyn 'di rhydu a dwy gôl ddi-rwyd – i droi Cae Top yn hafan.

Castell Bach Coed Helen

O bell, roedd fel llun mewn stori. Bryn moel, tŵr castellog a ffenest yn ei dalcen. A derwen fawr drws nesaf fel petai'n gwneud y llun yn fyw.

Roedd 'na afon – i'w chroesi. Roedd 'na goedwig – i'w threiddio. A'r bryncyn serth i'w ddringo. Roedd bygythiadau ar bob tu – a chawr, mae'n siŵr, i'w drechu. A gwobr y gorchfygwr: cael byw am byth mewn stori.

~

Mae siom y sham yn fythgofiadwy. Y gwynt yn dal yn y dwrn, a'r dwrn deg-oed yn dyrnu, a'r drws yn diasbedain. Dim yn dod, ond bloedd yn ôl, a chwerthin brain Coed Helen. Wyneb smal y waliau sment. Ffasâd y castelliadau. A'r gwir ar wep dy rieni: dydi'r stori ddim yn wir; hen beth coeg ydi ffoli.

Dwi'n dal i gofio'r dadrith. Y dod-i-lawr drwy'r coed at lawr y parc – heb awydd chwarae. Anodd, am flynyddoedd, oedd maddau cast y Castell Bach.

~

Mae'r dderwen yn heneiddio, yn geubren hyll o dyllau pry. Trychio'r cangau'n sgrech mewn pren. Ei rhisgl wedi disgyn. Ei bôn yn noeth gerbron y byd (a'r fyddin o gabanau). A deilen hwnt ac yma'n mapio'r pridd, yn atgof o'i thymhorau.

A'r Castell Bach? Mi ddaeth i'w oed! Mae'n dal i gadw wyneb ar y bryn – yn cuddio mast â'i gastelliadau, yn gaer i gewri ein cwmnïau ffôn.

A'r llun o bell, felly, yn dal fel llun mewn stori. Bryn moel, tŵr castellog a ffenest yn ei dalcen. A derwen goeg drws nesaf fel petai'n gwneud y ffoli'n fyw.

Private Dock

Beth ydi ystyr trysor ond ei rannu? Mae'r Foryd heb ei gyffwrdd; ni a neb biau ymyl y môr. Y lôn sy'n aur ac arian dan dy draed. Mainc yma. Y Fenai'n fanna. Sisial ton drwy'r gro. Pïod môr yn pigo cregyn; dau alarch yn creu *w* mewn dŵr.

Ac wrth fynd yn dy flaen, mae'r ffiniau'n toddi: y môr, y traeth, dy draed, y mynydd, pwrs môr-forwyn yn y gwrych dros ffordd, gwymon sych ar grwydr. A'r gorwel, o gam i gam, drwy'r adeg o fewn dy gyrraedd.

Nes dod at y Dock, ganllath ar ôl 'Llanfaglan', a'r wal sy'n codi'n ddyrnod at dy ên. Clawdd Offa sydyn, ac arno resaid o goed rhosod.

Mae 'na lidiart a bollt, cadwyn a chlo, a'r ochr draw i hynny, mae 'na borfa'n garped digon od o las. Ffens ac arwydd: PRIVATE DOCK (NO ENTRY). A'r ochr draw i honno, mae 'na ddoc, a chwch o bleser purwyn.

Dyma'n siars. Y Bòs sydd biau. Ac mae'n sbio ar dy war o'i blasty tal. Neu'r gwesty, fel y bydd rhyw ddydd, medd Bòs. (Beth ydi ystyr trysor ond ei rannu?)

Dos dithau yn dy flaen. Heibio'r gaer gysetlyd. Nôl at erchwyn môr, a'r gwymon sych, a'r ffin aflonydd.

Ymlaen, ymlaen, at derfyn y Foryd, lle mae'r lôn yn troi'n ôl arni'i hun – neu'n tynnu'n ôl tua'r mynydd.

Yr Oval

Er gwaetha'r glaw, a'r gwynt, a'r mwd,
mae'r lliwiau gwyrdd a melyn mor obeithiol ag erioed,
yn dalp o wanwyn dan y lampau tal
wrth iddi nosi.

Mae'r Oval heno dan ei sang,
a'r lliwiau gwyrdd a melyn mor obeithiol ag erioed
ar strip y deg, a seti'r stand,
ar sgarffiau a baneri.

Mae'r gêm yn dyngedfennol.
Ac mae'r lliwiau gwyrdd a melyn mor obeithiol ag erioed,
yng nghytgan torf, yn stampio traed
y Cofi Armi.

Mae'n gic o'r gornel - gôl i Dre!
A ffrwydra'r tân gwyllt gwyrdd a melyn ar yr Oval.
Mae'n wanwyn eto! Ac mae'r nos ei hun
yn canu cân

yr hen ganeri!

Pont Coed Cadnant

Dipyn o antur ydi crwydro at gyrion y dre. Mae'r sbwriel yn sioc ar ôl taclusrwydd Maesincla, a'r lôn rhwng ysgol a thai'n afon o blastig, papur a photeli, yn llifo heibio'r soffa losg a sigo'r weiren bigog. I lawr, i lawr, nes dod at bont. A nant. A chroesfan.

Dyma'r ffin rhwng gwlad a thre. Ac mae 'na olion loetran. Marciau trainers ym mwd y lan. Teiar gwag. Paced baco'n sbecian (*UK Duty Paid*). Negeseuon a symbolau cudd:

> *Thomos* ♥ *Cadi*
> *Cian Bach*
> *Ffôn this ffôn number*

A dros y bont rhaid dewis ffordd. Croesi'r ffin a mynd i'r wlad, ymlaen at Rosbodrual? Ta mynd yn ôl i'r dre, trwy hydref fflam y coed wrth afon Cadnant?

Unffordd ydi llif y nant. Mae'r dynfa'n rhan ohoni. I lawr, i lawr at lawr y glyn, nes dod at lannau afon fwy o bapur a photeli, a haid o frain o blastig. Yn cario'r wlad i mewn i'r dre. Yn cydio'r Fenai wrth Eryri.

Ac wrth y bont, mae'r Cofi dewr yn loetran wedi'i antur at gefn gwlad, i stwmpio smôc, neu daflu can, neu sgwennu negeseuon – i brofi iddo fentro dod mor bell. Cyn troi yn ôl, trwy'r goedwig fflam, i ganlyn llif yr afon.

Yn ôl o'r ffin, trwy ddŵr a thân, i noddfa'r Gaer yn Arfon.

Cysgodfa dros yr Abar

Lle dauwynebog ydi hwn, yn enwedig tua phedwar o'r gloch ar bnawn o haul gaeafol, a dim yn galw ond duad y dydd.

Eisteddwch yr ochr draw. Wynebwch yr haul. Mae pren y fainc yn gynnes, y waliau carreg a'r to concrid yn lapio'n dynn amdanoch, ac oglau'r heli'n gwneud lles. Ymlaciwch yn sinema rad y gysgodfa.

Mae'r haul ei hun yn ddigon o sioe, yn dân i gyd dros gaeau Coed Helen ac yn euro croen y Fenai. Ffilm fud, araf y machlud. Y môr a'r awyr yn newid lliw, yn lluniau symudol melyngoch, a dim rhwng dŵr ac aer ond crychni'r twyni pell. Cri pioden fôr; sŵn ton yn torri. A'r traeth wrth eich traed yn tywyllu'n araf.

Hawdd fyddai mynd i hepian.

Ond mae'r dydd yn mynd, a'r nos yn dod.

Felly, trowch at ochr arall y gysgodfa, gan wynebu'r dre, ac oedi heb eistedd wrth y fainc fwy oer.

Ac wele'r gaer – yn boddi mewn goleuni. Ei sgriniau disglair. Carped coch dŵr yr Abar. Llenni lliw copor ei muriau. Ac yn y cefndir wrth ddechrau cerdded, eira technicolor Eryri. Fesul un ac un, y lampau'n ymoleuo: rhes o ganhwyllau fflwrolau'r bont; llifoleuadau'r castell.

A thros ben craig Twthill, fel pelydr tortsh, un lleuad fawr wen, a honno'n tollti'i llewyrch dros y toeau, gan ddangos y ffordd tua thre.

Caergylchu

'Dim plant', medd yr arwydd, er ei bod fel ffair yma, yn enwedig ar ôl Dolig neu adeg spring-clean. Ond ffair tu-chwith ydi hon. Nid yn cynnig, ond yn cymryd oddi arnoch. Ysgafnder o fath gwahanol sydd i'w gael yng Nghaergylchu.

Mae'r stondinau'n lliwgar-swnllyd, a'r swyddogion mewn hi-viz yn cadw trefn. Stondin las y papur sgrap. Un goch cartonau diod. Cromenni gwyrdd i'r gwydr (clywch sgrechfeydd poteli), a lliwiau injaroc yr hen fatresi.

Olwyn fawr y gwastraff tŷ. Ceir fel dodgems araf. Chwrligwgan mynd-a-dod a'r bendro wrth betruso. Ond mae 'na res o geir yn aros, rhai yn canu corn, a phawb eisiau go ar y meri-go-rownd ...

Tra bo'r plant (hwythau wedi eu hel o'r tŷ), yng nghefn y car yn synnu. At y bryniau o bethau brynwyd. Teganau a esgymunwyd; beic di-bedal; y tedi gath ei wrthod. At oedolion hurt y ffair ...

... sy'n dod yn ôl, o'r diwedd, at y car, yn rhydd o'u trugareddau.

Un cip mewn drych cyn mynd o'r ffair.

A'r llun tu-chwith yn dod yn ôl: llygaid llaith y plant, yn hurt gan wastraff y gwastraff.

Cei Porth yr Aur

Mae'r aur yn cau amdanoch. O'r dafarn hon i'r eglwys draw, ar hyd y llwybr unlliw, dan fwa Porth yr Aur, mae aur y cei'n gynhaliaeth.

Hon yw noddfa'r ymylon. Tir neb ein tindroi. Ymlwybro. Sefyll. Sgwrsio. Synfyfyrio. Yfed peint ar wal yr Anglesey. Bwyta brechdan ar fainc. Rhannu chips â'r gwylanod. Gwylio cychod yn hwylio heibio. Y llanw'n llifo'n ôl ac ymlaen. Traethau gwyllt y Fenai'n dod i'r fei – ac yn diflannu.

Mae 'na liwiau eraill. Crëyr glas yn broffwyd unig. Elyrch purwyn. Bilidowcar yn heliwr llwyd. Ac oddi tanom, o'r golwg, ar lan y lli, mae adar brith y dre'n mynd trwy'u pethau.

Ond yma'n nes, yn yr aur, y mae'r cynhesrwydd. Geiriau dan draed, a thrugareddau i'w twtsiad – bwi a winsh, propelor a chrafanc – ac angor mawr sy'n dal y plant. Synau sy'n synnu'r glust: sŵn miglo'r smyglars. Sodlau cul rig-owt y regatas. Ffrwtian y stemar bach, a chamau mân pobl Môn. Heb sôn am atsain gwadnau pawb erioed fu awydd bod ei hun heb fod yn unig ...

~

Mae'n noswaith o Dachwedd du, a'r llwybr unlliw'n lliwgar. Coedwigoedd gwyrdd. Rocedi coch. Sêr glas. Cleciadau a ffrwydradau. Bloeddiadau o enau'r rhai bach:

Brocoli!
Caetsh!
Glitter!
Gwinadd hen wrach!

Ynghanol y tywyllwch mae'r aur yn cau amdanom: cwmni ein cyd-drefolion; ochenaid dorfol diwedd y sioe.

A'r troi cyndyn o'n tindroi – o noddfa'r ymylon i ddüwch oer y nos.

Gorsaf Fysys Pen-llyn

Dydi o'm yn bad o le i roi dy din i lawr, ac mae 'na damad bach dan do, ond bod gwynt yn mynd drwy dy ddillad a'r sglyfath car-park 'na tu ôl yn gacan o gachu deryn.

Gin i'n lle yn fama, lle mae *Dowch ta pigs* i'w weld mewn nail varnish. Petha ti'n glywad. Dwi'n licio ista'n yr un lle. Gin pawb ei sêt. Petha ti'n weld. Bygyr ôl. Blaw dynion yn mynd i bwcis. Sat ti'n synnu pwy sy'n mynd, sat ti'n synnu.

Y bysys ydi'r drwg. Byth yn dod. Fedri di witsiad nes bod dy din di'n sgwâr, a dal i witsiad. Fiw i chdi beidio sbio, lasa ddod, lasat ti fethu fo, lasat beidio gweld y nymbyr. Five A neu C fydda i'n gymyd – i Bangor, a dod off yn Felinheli.

Y peth efo bỳs 'di ti'm yn cael dim warning. Un funud, 'di o ddim yna. Funud wedyn mae o. Maen nhw'n deud doith o'n gynt os ti'm yn sbio. Ond 'di hynna ddim yn wir, 'di o ddim yn wir. Dwi 'di trio.

Fush i yma am awr unwaith. Roish i'm give-up chwaith, ddalish i nes doth o. Sgin ti neb i ofyn iddyn nhw, dyna'r peth. Mond deud hi wrth dreifar, ac erbyn hynna ti ar y bỳs dwyt? Be 'di'r point?

Gas gin i pan mae'r bỳs yn dod. Gas gin i fynd o'ma. Ti'n gwbod pan ti'n ista ar y bỳs? A slo-coach wrthi'n talu? A'r drws yn dal yn gorad? A ti'n meddwl, swn i'n medru gadal rŵan a mynd 'nôl i'n lle? Dyna'r part anodd i fi. Dwi'n cau'n llgada weithia nes dan ni allan o dre.

Deu' gwir, dwi'm yn hapus nes dod yn ôl. Gyma'i unrhyw un o'r fives i ddod o gwaith. Union i fama. A mynd adra wedyn at Mam. A dod yn ôl yn bora.

Seiliwyd ar sgyrsiau a gafwyd ac a glywyd yn yr orsaf.

Eglwys Llanfaglan

A dyma ni ar ffordd y pererinion! Mae'r haul yn tynnu ato, enlli'r gorllewin yn galw; ac o roi un droed o flaen y llall, mi ddown i ben ein taith, at ben draw'n gwlad.

Ond weithiau mae'r fath nod yn mynd yn ormod, ac amser yn rhy fyr i gyrchu machlud, a'r eglwys yn y cae yn dargyfeirio; rhyw reddf yn troi fy nghamau at y wal, y côr o goed, a cherrig llwyd y llan, heb hidio arian môr na phorffor mynydd. A rhyw ddisgwyliad y ca' i yno fwy na llonydd.

Cymundeb y cerrig. Y teimlad o gadernid dan eich llaw. Sawr eu hynafrwydd. A'u holl gynhesrwydd hir: yr iws a'r nadd, y parch a'r hen anwyldeb. Mae 'na hen, hen gysur mewn wal sy'n amgáu.

Ond mae 'na fwy na cherrig, mwy na bedd, mwy nag eglwys dawel. Nodau pererinion ar eu glin. Nodau pererindod ar ei hanner.

Ac mae 'na derfyn ar y nodau. Mae 'na ...

Mae geiriau'n brin. Ond mae 'na hanner ffydd y dôn nhw'n ôl, o'r bwlch rhwng pren a maen, wedi'u trawsnewid.

~

Mae'n amser mynd ac adre'n tynnu ato.

Cyn mynd, ga' i oedi funud bach? I naddu nod ar garreg lwyd. Rhyw eiriau prin. Mi garwn adael ôl fy niolch ar y lle 'ma.

Ben Twthill

Mae gan yr Alban Ben Nevis a chan Gaernarfon Ben Twthill. Fan hyn yr oedd y gaer gyntaf. Fan hyn, os byth, y bydd yr olaf. Dwrn caled o graig yn codi yn ei noethni dros amlinell afreolus y dre.

Dydi hi ddim yn hardd o bell. Ei chroen yn felyn. Ei chnawd yn rhychiog. Blewiach yr eithin a'r grug. Cen melynwyrdd yn gleisiau drosti.

Rhaid mynd yn nes i gael ei hansawdd. Cyrraedd ati. Dringo arni. Dod yn un â hi.

Mae'r llwybr yn gul o sil i sil, y llethrau'n serth ar bob ochr, a dim llawer i'ch tywys ond y bobl a aeth o'ch blaen. Ôl gwadnau fandals, enwau cariadon ar y fainc, ôl mêts yn cael mygyn.

Mae'r dringo'n dwysáu. Mae 'na le i lithro drachefn a thrachefn, ac ar y graig, o raid, y mae'ch golygon.

Ond wedyn, dyna'r cyrraedd! Troedle gwastad pen y graig!

Panorama mynydd a môr. I'r chwith, copaon glas Eryri'n gylch amdanoch, a choron bell yr Eifl. I'r dde, glannau coediog Môn, a'r Fenai'n fil o bum-ceiniogau.

Islaw, toeau porffor tref Caernarfon: y siopau a'r tai, y capeli a'r eglwysi, y tafarndai a'r swyddfeydd, y lloriau, y muriau, y seddau, y beddau. Y castell melynwyn, a waliau segur y gaer.

A dan eich traed, dwrn caled yr hen, hen graig – yn codi yn ei noethni dros amlinell afreolus y dre.

TRYSORAU CUDD CAERNARFON

—

Taith farddonol o gwmpas atyniadau cudd y Dre

Ap ar gael am ddim ar
GooglePlay & Apple App Store
Chwiliwch am:
TRYSORAU CUDD CAERNARFON